Jos. Phil. Simon Lockroy

Das Glöckchen des Eremiten

komische Oper in 3 Aufzügen

Jos. Phil. Simon Lockroy

Das Glöckchen des Eremiten
komische Oper in 3 Aufzügen

ISBN/EAN: 9783742894908

Hergestellt in Europa, USA, Kanada, Australien, Japan

Cover: Foto ©Thomas Meinert / pixelio.de

Manufactured and distributed by brebook publishing software (www.brebook.com)

Jos. Phil. Simon Lockroy

Das Glöckchen des Eremiten

Das

Glöckchen des Eremiten

komische Oper in drei Aufzügen

Text nach dem Französischen des Lockroy und Cormon
von Ernst, Musik von Maillart.

———※———

München, 1862.
Druck von E. R. Schurich.

Personen.

Thibaut, ein reicher Pächter.
Georgette, seine Frau.
Belamy, Dragoner-Unteroffizier.
Sylvain, erster Knecht bei Thibaut.
Rose Friquet, eine arme Bäuerin.
Ein Prediger.
Ein Dragonerlieutenant.
Ein Dragoner.
Eine Bäuerin.
Dragoner. Bauern und Bäuerinen.

Die Handlung geht in einem französischen Gebirgsdorfe nicht weit von der Savoyischen Gränze im Jahre 1704 gegen Ende des Cevennen-Krieges vor sich.

Erster Aufzug.

Georgette. Bäuerinen. Thibaut.

Chor.
Laßt fleißig uns die Hände regen
Und pflückt die Frucht, so süß,
Die unserm Land des Himmels Segen
Heut' zu Theil werden ließ.
Sorg' und Müh', die nicht geschont,
Sind herrlich uns und reich belohnt.

Georgette.
Uns're Männer sind im Städtchen,
Großer Markttag ist ja heut';
Abends kehren sie uns wieder,
Bringen, was uns hoch erfreut.

Chor.
Bringt die Frucht nur herein.

Georgette.
Kehrt der Mann uns Abends wieder,
Wird er doppelt zärtlich sein.

Chor.
Bringt die Frucht nur herein,
Lasset fleißig uns sein.

Eine Bäuerin.
Frau Thibaut, gebt uns doch ein Lied zum Besten!

Georgette.

(Provenzalisches Lied.)

Blaise ging zur See;
That das Herz auch weh,
Dient er doch dem Vaterlande.
Lebe wohl, Marie!
Dich vergeß' ich nie
Und des Herzens zarte Bande;
Ist's des Himmels Schluß,
Daß ich scheiden muß,
Nimm noch diesen Kuß.
Freund, sagt sie unter Thränen,
Mögst du in Frieden zieh'n;
Treu will ich deiner harren,
Wenn die Orangen blüh'n.

Chor.

Liebeslust, Liebesleid,
Schöne Zeit.

Georgette.

Hört des Sturms Gebraus,
Zog das Schiff, o Graus!
Rettungslos zur Tiefe nieder.
Als das Jahr verstrich;
Sagt Mariechen sich:
Blaise kehrt doch nimmer wieder!
Pierre, der kam zur Stund',
That sein Herz ihr kund,
Küßt ihren rothen Mund;
Fragt nicht, was sie gelobet,
Fragt nicht, was früher war.
Als die Orangen blühten,
Sah man ein glücklich Paar.

Chor.

Liebesluft, Liebesleid
Schöne Zeit!
Laßt fleißig uns die Hände regen
Und pflückt die Frucht —

Georgette.

Doch hört, o hört, Trompetenton!
Vom Berge schallt es nieder,
Das Echo bringt es wieder.

Chor.

O Gott, mein Gott! Dragoner werben's sein.
Vor Angst und Schreck möcht' ich vergeh'n!
O wär' mein Mann doch erst zu seh'n!

Thibaut.

O verstecket Euch,
Mädchen oder Frauen,
Daß sie Euch nicht schauen!
Hier sind sie sogleich.

Chor.

Sind Soldaten im Dorf?

Thibaut.

Höret nur! Ich ging den Thalweg,
Ueberzähl't mein Geld in Ruh',
Wie ich's jeden Markttag thu',
Da erblick' ich in der Ferne —
Wagte kaum zu athmen mehr —
Denket Euch: ein Kriegesheer!
Da, vor Schreck und Graus
Nahm ich schnell Reißaus,
Ruhte mich nicht aus,
Bis ich war zu Haus!

Chor.
Hört, o hört!

Thibaut.
Schnell! schnell! in's Pfarrhaus! — Du, Weib, in den Taubenstall! — und rücke und rühre Dich nicht, so lange die Dragoner hier sind! —

Belamy. Dragoner.

Chor.
Hier machet Halt in diesem Dorfe,
Uns gehört die ganze Welt!
Erst Wein und Essen, dann ein Lager,
Das ist's, was Dragonern gefällt.

Belamy.
Kommt der Dragoner in's Quartier,
So fragt er wohl: Was gebet Ihr?
Doch er weiß, was sich gehört,
Sorgt nicht für sich, erst sorgt er für sein Pferd!
O Pferdchen, mein Pferdchen!
Du hast mich getragen, wirst müde nun sein!
O Pferdchen, mein Pferdchen,
So friß dich erst satt und dann schlafe ein,
Und ruhe dich aus,
Denn morgen geht's wieder zum Dorfe hinaus.
Der Infant'rist, trauriges Dasein!
Kaum macht er Halt, legt er sich hin;
Doch der Dragoner kennt keine Ruhe,
Des Pferdes Wohl liegt ihm im Sinn,
    Bürstet, striegelt gleich,
    Pferdgeschirr und Zeug.
    Dann erst sagt er sich:
    Jetzo komme ich!
So thut es stets, daß Ihr es wißt,
Im Dienst der wahre Kavallerist!

Chor.
O Pferdchen, mein Pferdchen u. s. w.
Belamy.
Kam'raden, wohl hab' ich gehört,
Der Wein soll hier wohlschmeckend sein;
Später, wenn ihr kehret zurücke,
Schenke ich Euch vom besten ein.
Nun geht und thut, was Jeder soll,
Ich will trinken indeß auf unser's Königs Wohl.
Chor.
Hier machet Halt in diesem Dorfe ꝛc.

Rose.
Mein werther Herr, Eure Esel sind vortrefflich!
Habt keine Angst, sie sind schon wieder hier.
Nicht schlechter bring' ich sie, wie sie vorher gewesen;
Sie dienten sonst nur Euch und dienten heute mir.
Durch's Gebirg, über's Feld,
Wie ein Pfeil hingeschnellt.
Hopp, hopp, reizendes Thierchen,
Goldene Freiheit, ich schenke sie dir,
Hopp, hopp, über die Auen
Schwinge dich auf und fliege mit mir.
Willst du mich eilig tragen,
So hoch auf dem Sitz,
So schnell wie der Blitz,
Heute darfst du Alles wagen.
So allein,
Denk' ich Kön'gin zu sein!
Hopp, hopp ꝛc.
Jeder hält in der Welt,
Was vor Allem ihm gefällt;
Habet Schätze, seid reich,

Nicht beneide ich Euch.
Hab' die Flur und den Wald,
Wo die Stimme erschallt.
Hopp, hopp, frei sein und fröhlich,
Singend und lachend, ein redliches Blut,
Hopp, hopp, Jugend so selig,
Sie ist mein Reichthum, mein einziges Gut.
Der Himmel blau, rein im Herzen,
O wie so fröhlich,
O wie so selig,
Das ist wahres Glück nur allein.

Sylvain.

O schweige still, o lasse Dich erbitten,
Du wärest sonst auf ewig schuldbewußt!
Kannst fassen Du, wie grausam ich gelitten,
Seit das Geheimniß ruht in meiner Brust?
Denk' an das Vöglein, das in Herbstes Wehen
Das warme Nest so schwer verlassen will;
Dann wirst Du auch des Flüchtlings Gram verstehen;
D'rum schweige still, o Rose, schweige still.

Sei fromm und gut, so stehet es geschrieben.
Und stehe bei dem Armen in der Noth;
Ob Greis, ob Kind, Du sollst den Nächsten lieben;
Du kennst es ja, das heilige Gebot.
Wenn dann zur Kirche ruft die ernste Stunde,
Wo sich das Herz so gerne öffnen will,
Sorg', daß Du beten kannst mit reinem Munde;
D'rum schweige still, o Rose, schweige still.

Belamy. Rose.
Belamy.

Und nun, mein Kind,
Laß uns zum Werke kommen,

Die Flasche genommen,
Nun schenke schnell mir ein.
Der Landmann hat, so hoffe ich,
Uns vorgesetzt vom besten Wein.

Rose.

Der Landmann ist gar voller Tücken;
Er lacht so gern, und will's ihm glücken,
Brockt er dem Fremden gern was ein.

Belamy.

Ah, puah, der Wein ist ganz abscheulich!
Ah, der Geruch, er ist schon gräulich!

Rose.

O, wäre ein Dragoner ich,
Man sollt' nicht lachen über mich,
Geb Euch mein Wort d'rauf, sicherlich!

Belamy.

Der wack're Mann hat uns wohl hintergangen,
Hat bessern Wein? Zeig' mir, wie wir dazu gelangen.

Rose.

Weiß nicht die Spur,
Doch suchet nur.

Belamy.

Wo denn, wo denn?

Rose.

Das darf ich nimmer wagen.

Belamy.

Doch könnte wohl Dein Blick mir sagen —
Zur Linken? zur Rechten? ist's hier? oder dort?
Hier ist der Ort!

Beide.

Der Schlaukopf, o wie fein!
Wer sollte das wohl denken,
Verschließt den guten Wein,
Der schlechte soll uns kränken.
Das Ding ist zum Lachen,
Man kann sich d'rüber freu'n!
Schon hör' ich Meister Thibaut
Voll Wuth um Hülfe schrei'n.

Rose.

Und nun, Soldat, auf eine gute Reise!

Belamy.

Wohlan, stoßt an, nach alter guter Weise!

Rose.

Und bald sind Eure Leute da.

Belamy.

Wie schade, daß ich fort muß ziehen!
Jetzt fängt mir's zu gefallen an.
Und doch ist mir nicht klar,
Was mich, wenn's nicht der Wein sollte sein,
Hier zurückhalten kann.
Und nun, mein Kind,
Laß uns die Gläser füllen!
Des Lieutenants Willen
Ruft mich alsdann geschwind.
Der Bauer hier, ich muß es sagen,
Daß er gute Weine hat;
Doch All' sind Wittwer, das ertragen
Kann auf Erden kein Soldat.

Rose.

Der Landmann ist gar voller Tücken,

Er lacht so gern, und will's ihm glücken,
Brockt er dem Fremden gern was ein.

Belamy.

In der That! dies kleine weiße Häubchen,
Das ist doch nicht für einen Mann?

Rose.

O wäre ein Dragoner ich,
Man sollt' nicht lachen über mich!

Belamy.

So viel ist klar: dies kleine Häubchen
Gehöret einem kleinen Weibchen.
Wo ist es denn?

Rose.

Weiß nicht die Spur;
Doch suchet nur.

Belamy.

Wo denn? wo denn?

Rose.

Das darf ich nimmer wagen.

Belamy.

Doch könnte wohl Dein Blick mir sagen —
Zur Linken? zur Rechten? ist's hier? oder dort?
Hier ist der Ort!

Beide.

Der Schlaukopf, o wie fein!
Wer sollte ihm vertrauen,
Verschließt den guten Wein
Und auch die guten Frauen!
Das Stück ist zum Lachen,
Man kann sich weidlich freu'n;
Schon hör' ich Meister Thibaut
Voll Wuth um Hülfe schrei'n.

Nun soll {ich/er} fort, jetzt {wird mir's/wird's ihm} wahrlich leid!
Nun soll {ich/er} fort, es winkt {mir/ihm} Lust und Freud!
Ein Weibchen fein und guter Wein im Haus,
Das zieht, das lockt, da {halt' ich/hält er} gerne aus.
Wär' das Marschiren doch beim Teufel!

Belamy.

Du, mein Kind, so viel seh' ich ein,
Könntest ein Dragoner wohl sein!

Georgette.

Denkt nur: vor dem Eremiten
Muß man sich wohl hüten.
Nur ruhig leben kann
In diesem Dorf der Ehemann.
Wohl üb'rall sind die Herr'n
Stets eifersüchtig gern;
Doch hier zu Land? o nein,
Sie können ruhig sein;
Sie haben eine Wache,
Die rufet gleich zur Rache,
Ist listig wie ein Fuchs.
Und sieht er wie ein Luchs,
Daß Eine nur ein wenig still
Liebäugeln will —
Bim, bim, bim, bim,
Das Glöckchen tönt,
Als wär' es nicht der Eremit,
Als wenn der Teufel, Gott behüt'!
Die Glocke zieht.

Denkt nur, bei so bösen Sachen
Wagt man nicht zu lachen;

Und geht bei Tage man
Seh'n wir die Männer gar nicht an.
Reis't ein Bekannter fort
Aus unser'm kleinen Ort,
Und wenn er scheiden muß,
Gibt er uns einen Kuß;
Verschiebt an unser'm Köpfchen
Sich nur ein Band, ein Knöpfchen,
Wie 's manchmal doch passirt,
Und geht beim Abendschein
Ein Pärchen nur allein —
Bim, bim, bim, bim
Das Glöckchen tönt,
Als wär' es nicht der Eremit,
Als wenn der Teufel, Gott behüt'!
Die Glocke zieht.

Chor der Dragoner.

Wir haben das Signal gehört,
Kam'raden, schnell auf's Pferd, auf's Pferd!

Thibaut.

Mein Maulthier wartet
Schon lang auf Euch.
An Eurer Spitze werd' ich Euch führen allsogleich.

Chor der Dragoner.

Nun fort!
Wir haben das Signal gehört u. s. w.

Belamy.

Halt! wißt daß ich fand,
Nicht übel ist das Land,
Gewiß, gewiß,
Ein kleines Paradies.
Der Wein ist wundervoll,

Verführt zu Heldenthaten;
Der Landmann, wie er soll,
Er liebt von Herzen die Soldaten.
Sie wünschen uns noch hier,
D'rum — einen Tag noch bleiben wir!

Chor der Dragoner.

Gute Leute, gern gewährt
Der Dragoner Eure Wünsche.
D'rum wird heute bis auf Weit'res
Eurem Wein der Krieg erklärt.

Sylvain.

Welche Hoffnung lacht mir!
Sie bleiben hier.

Thibaut.

Welch' ein Schrecken droht mir!
Sie bleiben hier.

Rose.

Das Vergnügen hält sie zurück,
Ja, sie bleiben noch länger hier.
Welch' unendliches Glück!
Neue Hoffnung, sie lachet Dir.

Sylvain.

O welch' ein Glück, sie bleiben hier!
Welch' neue süße Hoffnung lachet mir!

Thibaut.

O Mißgeschick, sie bleiben hier!
Welch' schrecklich neue Qualen drohen mir!

Belamy und Chor der Dragoner.

Kam'raden, heut noch bleiben wir,
Der Wein, der Tanz, Vergnügen lacht uns hier.

Thibaut.
O, daß man hier kein Wort versteht!

Belamy.
Wie ich befohlen, geht nun, geht! —
Mein Freund, Ihr thut mir wahrlich leid,
Will Euren Wittwenstand beenden.

Thibaut.
Wie soll das Ding sich wenden?

Belamy.
Ich schätz' der Ehe Glück,
D'rum geb' ich Euch die Frau zurück.

Rose und Sylvain.
O mein Wünschen ist erhört!
Ferne ziehen die Gefahren
Gott wird die Verbannten wahren,
Daß sie fliehen ungestört.

Thibaut.
Wuth und Aerger mich verzehrt!
O, vor solchen Kriegerschaaren
Möge Jeden Gott bewahren,
Daß sein Haus nicht wird zerstört!

Belamy.
Alles sei Euch heut' gewährt!
Glaubt, für wack're Kriegerschaaren,
Die nicht scheuen die Gefahren,
Ist so Manches hier bescheert.

Thibaut.
Ist's zu glauben,
Gefunden sind die Tauben!

Bäuerinen.
Seht unf're Thränen, liebe Herr'n!

Georgette.
Ach, Erbarmen, hört mein Flehen an,
Laßt am Leben mich und meinen Mann!

Belamy.
Beruhigt Euch, Ihr zarten Tauben,
Wir wollen Euch um nichts berauben.
Was wünschen wir?
Den Tanz und den Wein,
Es soll heut' Jeder froh und luſtig sein!

Rose.
Das ist recht, tanzet, trinket!

Georgette.
Das ist recht, tanzet, trinket!
Vergnügen uns winket;
Diese Herr'n,
Ja, was wir wünschen, thun sie gern.

Rose.
Zum Tanz, zum Tanz!
Stellt nun die Reih'n!

Belamy.
Zum Tanz, zum Tanz!
Ihr, mein Theurer, ſorgt für's Trinken,
Ihr sollt Kellermeiſter sein!

Rose.
Will man eine Schöne rühren,
Sie durch die Muſik verführen,

Welch' ein Instrument man wählet,
Darf's der Dudelsack wohl sein?

Chor der Dragoner.
Nein, nein, nein!

Belamy.
Nein, da schickt sich die Trompete,
Die Trompete nur allein!

Chor der Dragoner.
Die Trompete allein!

Belamy.
O schmettre hellen Klang,
Den Ton so rein
In's Herz hinein!
O schmettre hellen Klang,
Du Kriegesruf und Liebessang!
Man hört, wo Deine Lippe spricht,
Kanonenschall und Seufzer nicht.

Alle.
O schmettre hellen Klang,
Den Ton so rein
In's Herz hinein!
O schmettre hellen Klang
Kriegesruf und Liebessang!

Rose.
Während hier Alles tanzt und Niemand auf Dich merkt, benütze den Augenblick.

Sylvain.
Wie meinst Du?

Rose.
Ich meine, daß die Armen diese Nacht ent-

fliehen können und Du sie bei der Grotte Sankt
Gratian treffen mußt. Still!

Belamy.

Diesen Abend nach der Eremitage!

Thibaut.

O die Banditen, das Räuberheer,
Die Frauen und der Wein!
Das Volk wird über's Jahr
Noch hier im Dorfe sein!

Rose.

Will ein Eifersücht'ger toben,
Darf man ihm die Sanftmuth loben?
Reden ihm von Liebesproben?
Wird er dann vernünftig sein?

Chor der Dragoner.

Nein, nein, nein!

Belamy.

Singen muß man ihm vom Teufel
Und von der gift'gen Höllenbrut!

Chor der Dragoner.

Das ist gut, das ist gut!

Belamy.

O schmettre hellen Klang 2c.

Allgemeiner Chor.

So tanzt und lärmt und singt und springt,
So lang' Euch das Vergnügen winkt!
Es lebe hoch, uns zu erfreu'n,
Die Liebe und der Wein!

Zweiter Aufzug.

Sylvain.

Wie schön ist die Zeit,
Wenn Blüth' und Knospe springet,
Ueb'rall weit und breit
Der Vöglein Lied erklinget;
Wo die Luft so klar und rein,
Wo so hell der Sonnenschein,
Wo Alles singet.
Ach, die Herzensfreud',
Die schöne Zeit!
Meine Stimme allein, sie durchdringt hier die Stille;
Ihr Armen, ist's Gottes Wille,
Daß sie Euch süßer Klang der Erlösung sei,
Enden soll diese Nacht Eure Angst, Euer Leiden,
Beim Morgenroth dann seid Ihr frei!
Ihr Armen dort, o betet inniglich,
Ihr Armen dort, für Euch hier wache ich.
Wie ist schön die Zeit,
Wo Alles grün sich kleidet,
Wo die holde Maid
Hier ihre Heerden weidet;
Wo ihre Augen fromm und rein,
Klar wie blauer Himmelsschein,
Mein Glück entscheidet.
Ach, die Herzensfreud',
Die schöne Zeit! —
Was hör' ich? Rose ist's!
Ja Rose, sie hier!

Rose und Sylvain.

O die Herzensfreud',
Die schöne Zeit!
Tra li la loh la!

Rose. Sylvain.

Rose.

Ich bin hübsch? ich bin hübsch?

Sylvain.

Was staunst Du denn? Daß ich's gewagt

Rose.

Da muß ich lachen! Ich wäre hübsch?
Das hat mir Niemand noch gesagt.

Sylvain.

So hör' mich an: ich schwöre Dir,
Wenn ich Dich sah, gar oft schon sagte ich es mir.
    Wenn ich Dich sah',
    Wie mir geschah,
    Mein Herz fühlt' ich
    Vor Lust erbeben.
    Aus ihren Augen
    Strahlt wonn'ges Leben
    So sagt' ich mir,
    Wenn ich Dich sah.

Rose.

An mich, Sylvain, dachtest Du da?
    O Seligkeit
    Erfüllt mich heut!
    Es lebt ein Herz
    Für mich auf Erden!
    Wie soll ich Arme

So glücklich werden!
O Seligkeit
Erfüllt mich heut'!
Auf mein Wort, o glaube mir,
Das hat mir Niemand noch gesagt.

Sylvain.

O wie gerne glaub' ich Dir,
Das hat Dir Niemand noch gesagt.

Rose.

Nun wohl, Sylvain, so will auch ich Dir sagen,
Was ich so oft, wenn ich Dich sah, gedacht,
Dann sagte ich
So still für mich,
Das ist der Freund auf Deinen Wegen,
Ihm schlägt dein Herz so voll und warm entgegen,
Das sagte ich
So still für mich.

Sylvain.

Rose, hast an mich gedacht?

Rose.

In meinem Hüttchen klein —

Sylvain.

Hast oft still zu Dir gesagt —

Rose.

Wie würd' ich gut ihm sein!
Doch wer fühlt Begehren,
Der armen Rose sich zu weth'n?

Sylvain.

Dir Freund zu sein, will ich auf ewig schwören!

Rose.

Willst mir gehören durch der Freundschaft Band,
Willst sein der Freund der armen Rose?

Sylvain.

So nimm mein Wort, nimm meine Hand.

Beide.

Freundschaft, Du, o heil'ger Segen,
Den ich oft so heiß ersehnt,
Dein Herz schlägt liebend mir entgegen,
O süßes Band, das uns die Welt verschönt!

Rose.

Doch, Freund, schon sinkt der nächt'ge Schleier,
Weile nicht länger hier,
Denk' der Pflicht, die dem Herzen theuer,
Erfülle sie, ich helfe Dir.

Sylvain.

Erwarte mich.

Rose.

Dein warte ich!

Beide.

Freundschaft, Du, o heil'ger Segen ꝛc.

Georgette. Belamy. Rose.

Georgette.

Ja hier
Sind wir
Vor der alten, heil'gen Kapelle!

Belamy.

Also hier?

Georgette.

Ja, hier sehet Ihr
Uns'res Eremiten fromme Zelle.

Belamy.

Empfange mich auf Deiner Schwelle!

Georgette.

Und dies der Glockenthurm —

Belamy.

Der öfter läutet Sturm,
Ein Schrecken für die armen Frauen.

Rose.

Man sieht ihn ja von fern!
Was trieb den Kriegesherrn,
Ihn in der Nähe zu beschauen?

Georgette.

Am Abend in der Kapelle
Kniet nieder Ihr und betet auch für mich.

Belamy.

O bleibt, o bleibt 'nen Augenblick,
Nicht raubet mir das süße Glück!
Ihr führtet mich an diesen Ort,
Nun bitt' ich Euch: o geht nicht fort!

Georgette.

Nein, nein, den Augenblick
Geh' ich in's Dorf zurück;
Säh' man mich hier am Ort,
Mein Unglück — ich muß fort!

Rose.

O banger Augenblick!
Sylvain ist bald zurück,
Trifft sie an diesem Ort!
Wie schaff' ich beide fort?

Rose.

Ha! sie entfernt sich, Gott sei Dank!

Belamy.

O, bleibt doch, bleibt, ich will Euch hüten!

Georgette.

O laßt mich geh'n, mir wird so bang!

Belamy.

Was fürchtet Ihr?

Georgette.

Den Eremiten!

Rose.

Welch' Glück, die Furcht vor'm Eremiten!

Belamy.

'nen Augenblick —

Georgette.

Er sieht es schon!

Belamy.

'nen Augenblick —

Georgette.

Des Glöckchens Ton!

Belamy.

Nein, nein, wenn der Soldat es will,
Hat Jeder Furcht und schweiget still!

####### Rose.
Schweigt wirklich auch der fromme Mann,
Ein And'rer ihn ersetzen kann.

####### Rose.
Ja, so gelingt es ohne Müh',
Sie werden gehen leis' und still.
Und selbst die stolze Kavall'rie
Gehorchet mir, wie ich es will.

####### Georgette.
Nein, nein, o gebt Euch keine Müh',
Laßt gehen uns ganz leis' und still!
Der Eremit, er schweiget nie,
Sobald er uns verrathen will.

####### Belamy.
O glaubt, er unterläßt die Müh',
Verräth' uns nicht und schweiget still;
Furcht hat er vor der Kavall'rie
Und thuet heut', wie ich es will.

Ha! sie zögert —

####### Rose.
       Wie, noch hier?
So hilft das Glöckchen mir.

####### Georgette.
Nun wohl, noch einen Augenblick,
Das wird der Eremit verschmerzen.

####### Belamy.
Wollt' der Alte d'rum zieh'n den Glockenstrick,
Zeigt es nur von schlechtem Herzen.

####### Georgette.
Hört Ihr? Nun stehe Gott uns bei!

Belamy.

Das ist wohl Hexerei?

Georgette.

Das Glöckchen tönt!

Alle Drei.

Bim, bim, bim, bim,
Das Glöckchen tönet,
Als wär' es nicht der Eremit,
Wie wenn der Teufel, Gott behüt!
Die Glocke zieht.

Georgette.

O welch' ein Graus!
Kommt das heraus,
Was steh' ich aus
In meinem Haus!
Das ganze Dorf, o fürchterlich!
Mit Fingern zeiget man auf mich.
Thibaut wird schrei'n
Und wüthend sein,
Das seh' ich ein,
Schlägt Alles, Alles kurz und klein!

Rose.

Was wird nun wohl geschehen?
Die Männer all' zu sehen,
Die keinen Spaß verstehen,
O, es wird komisch sein!
Jeder wird schrei'n
Und wüthend sein,
Das seh' ich ein,
Schlägt Alles, Alles kurz und klein.

Belamy.

Vor Wuth möcht' ich vergehen!
Eben schien sie mich recht zu verstehen.
Der Eremit soll sehen,
Daß er flößt keinen Schrecken mir ein!
Doch wer 's mag sein,
Wer fällt in meine Hand hinein,
Ha, der soll bald geliefert sein!

Welch' ein kleiner toller Scherz!
Erholet Euch, mein liebes Kind!
Es war der nächt'ge Wind,
Der Euch erschreckt, faßt Euch ein Herz!

Georgette.
Der Eremit —

Belamy.
Wohl gar ein Geist?!

Rose.
Ein Geist, der lebend sich erweist.

Belamy.
Man muß die Angst standhaft besiegen.

Georgette.
Doch jene Glocke —

Belamy.
Bah, nichts als Lügen!

Georgette.
Der Eremit —

Belamy.
Ganz einerlei!

Georgette.
Ach, wüßt' ich wirklich nur —

Belamy.
Wir prüfen den da oben,
Ob, was man spricht, die Wahrheit sei.

Georgette.
Jedoch, wie kann man das erproben?

Belamy.
Das zu erproben, ich muß
Rauben Dir einen Kuß.

Georgette.
Nein, nein, ich fürchte den Eremiten —

Rose.
Welch' Glück, sie fürchtet den Eremiten!

Belamy.
Laßt Euch beschwören, nur Einen Kuß!

Georgette.
Er sieht es schon —

Belamy.
Nur einen Kuß —

Georgette.
Des Glöckchens Ton!

Belamy.
Nein, nein, nein, nein!
So laßt Euch doch belehren;
Ein Mährchen sei'n,
Die Männer reden das Euch ein.

Rose.
Doch wird mir das sehr nützlich sein.
Rose.
Ja, so gelingt es ohne Müh' u. s. w.
Georgette.
Nein, nein, o gebt Euch keine Müh'! u. s. w.
Belamy.
O glaubt, er unterläßt die Müh'! u. s. w.
Ha, sie zögert!
Rose.
  Wie, noch hier?
Eremit, so helfe mir!
Georgette.
Nun wohl, ein einz'ger kleiner Kuß —
Es ist ja nur, mich zu belehren!
Belamy.
Und dann, weil man sich überzeugen muß.
Kuß in Ehren, den kann Niemand wehren!
Georgette.
Hört Ihr! Nun bleibt es doch dabei?
Belamy.
Ist das denn Hexerei?
Georgette.
  Das Glöckchen tönt!
Alle Drei.
Bim, bim, bim, bim u. s. w.

Georgette.

O welch' ein Graus u. s. w.

Rose.

Was wird nun wohl geschehen u. s. w.

Belamy.

Vor Wuth möcht' ich vergeh'n u. s. w.

Georgette.

>Du liebes Glöckchen,
>Was that ich Dir?
>Ich eil', ich fliehe,
>Verzeihe mir.

Rose.

>O Glöckchen du,
>Ich danke dir!
>Du hast so treu
>Geholfen mir.

Belamy.

>Kommt doch zur Ruh'
>Und folget mir!
>O fliehet nicht
>Und bleibet hier!

Rose. Sylvain. Der Prediger. Männer und Frauen.

Männer.

Jetzt kommt, in stiller Nacht
Gott für uns wacht.

Frauen.

O Gott, wir sind in Deinen Händen!
Wird nun der Tag wohl uns're langen Leiden enden?

Alle.

O geht, geht leise, still und sacht!
Das Heil winkt uns in dieser Nacht,
Nur kein Geräusch gemacht!

Prediger.

Blick' auf uns, da wir flieh'n der Heimath theure
           Stätten,
Was kannst Du für uns thun? wie willst Du uns
           erretten?

Sylvain.

Nichts, nichts kann ich allein,
Der Retter stehet hier!

Prediger.

Wie, dieses junge Mädchen?

Sylvain.

Ja heilig glaubet mir,
Sie wird Euch befrei'n!

Alle.

Nun, so sprecht, eilet Euch!
So sprecht, führt uns sogleich!

Rose.

Zwischen wilden Felsenhöhen,
Die der Sturm nur konnt' erspähen,
Findet sich ein enger Steg.

Chor.

Ein enger Steg.

Rose.

Dicht' Gehölz in Näh' und Weite,
Bergesschluchten Euch zur Seite,
Hin zur Grenze führt der Weg.

Chor.

Führt der Weg.

Rose.

Plötzlich ein düst'rer Abgrund
Oeffnet sich vor Eurem Blick;
Der Jäger, dessen Fuß dort gleitet,
Stürzt und kehret nie zurück.

Chor.

Was thun wir dort?

Rose.

Ihr dürft nicht zagen,
Den Gang zu wagen,
Ein alter Eichstamm liegt d'rüber her.
Wollt wagen Ihr?

Chor.

Das wagen wir!

Rose.

Ist die Gefahr vorbei,
Eure Frauen, Kinderlein, wie Ihr,
Alle sind frei! Danket innig Gott dafür.

Chor.

Ach, unser Segen
Strömt Dir entgegen!
Gott mög' Dir schenken
Glück und Freud'
In Ewigkeit.

Sylvain.

Rose, Dich lieb' ich, Dich lieb' ich!
Dein Herz, so lange schwer verkannt,
O schenk' es mir als höchstes Gut auf Erden,
Und morgen am Altare reich' ich Dir die Hand.

Rose.
Mein Gatte er —

Sylvain.
Wie ich Dich liebe!

Rose und Sylvain.
Und morgen, Tag, so heiß ersehnt,
O süßes Band, das uns die Welt verschönt!

Chor.
Nun fort, nun fort!

Prediger.
Unser Heil ist dort!
O betet zu dem Herrn,
Uns zu schützen fort und fort!

Chor.
O Du, in Himmels Höh'n,
Hör' gnädig unser Fleh'n!
   Dein Vaterauge
   Laß bei uns steh'n!
O Herr, in Himmels Höh'n,
Laß uns die Freiheit sehn'!
Mögst Du uns Deinen Schutz verleihen,
Unser'm Feind verzeihen.
Leb' wohl, schönes Land,
Wo ich einst das Leben fand,
Und das mich jetzt verbannt!
Leb' wohl, da ich scheiden soll,
Mit Thränen blick' ich nieder:
Dich seh' ich nimmer wieder,
Leb' ewig wohl!
O Gott, uns gnädig sei,
  Mach' uns frei!

Nun fort, bald sind wir fern,
Ehre dem Herrn!
Leb' wohl, leb' wohl, Vaterland!
Leb' wohl!

Belamy.

Das sind die Flüchtlinge, die wir suchten!
Welch' glücklicher Fang!

Dritter Aufzug.

Bauern, Bäuerinen, dann Thibaut und
Georgette.

Frauen.

Habt Ihr denn schon vernommen
Die große, große Neuigkeit?
Wie ist das nur gekommen,
Daß Sylvain heut die Rose freit?

Männer.

Was Neues ohne Gleichen,
Das Glöckchen tönte hell und klar;
Es ist das sich're Zeichen,
Daß eine Frau hier untreu war.

Alle.

Doch das Ereigniß — könnt' mir's glauben —
Passirte nicht bei mir,
Nicht bei mir, nicht bei mir.
Doch eine war es, das ist klar;
Ob's meine war?

Thibaut.
Ha, ha, ha! wie steh'n die Guten so betroffen.

Georgette.
Er weiß von nichts, ich darf es hoffen!

Thibaut.
Ein Jeder zittert still für sich.

Georgette.
Wie glücklich trifft sich das für mich!

Thibaut.
Ich hab' es schon vernommen.
Zuerst erfuhr ich's heut,
Daß Sylvain Rose freit.

Frauen.
Wie? Rosen's Mann wird Sylvain heut?

Thibaut.
Der Eremit, ein kluger Mann,
Der's sehr gut wissen kann,
Was später kommt heraus,
Zog die Glocke im Voraus!

Männer.
D'rum läutet' es zur Nacht?
Wer hätte das gedacht!
Darob muß lachen ich,
Es geschah ja nicht für mich,
Nicht für mich, nicht für mich!

Chor.
Habt Ihr denn nun vernommen u. s. w.
Ha, ha, ha, ha!

Belamy.

1.

Der Weise, der erwachet.
Sieht erst, ob noch da all' sein Wein.
Glaubt, potz Element,
Wer klug sich nennt,
Die Wahrheit kennt,
Der Gott, der glücklich machet,
Der uns heilt von jeglicher Pein,
Thront in dieser Flasche und lachet.
Tik und tok, glu, glu, glu, glu,
So trinket, trinket immer immer zu, —
Tik und tok, schenkt wieder ein,
Hoch, hoch der Medoc-Wein!
Es blinkt die ganze Erde
Im ros'gen Lichte schon;
Daß es noch ros'ger werde,
Nehmt doppelte Portion!
Tik und tok, glu, glu, glu, glu,
So trinket u. s. w.

2.

Ist leer vom Wein der Magen,
Hat's der Mensch noch nie weit gebracht;
Glaubt, potz Element,
Wer klug sich nennt,
Die Wahrheit kennt:
Ohne Wein wird Mars selbst zagen,
Und Cupido hat keine Macht;
Doch wenn er den Kopf hoch will tragen:
Tik und tok, glu, glu, glu, glu,
So trinket, trinket immer immer zu,
Tik und tok, schenkt wieder ein,
Hoch, hoch der Medoc-Wein!
Er schafft die guten Werke,

Zeigt Alles rosenroth,
Er gibt uns Muth und Stärke
Und Trost in Liebesnoth.
Tik und tok u. s. w.

———

Rose.

Er liebt mich! O süßes Wort, mein schönstes Hoffen,
Es erfüllt mich mit Lust,
Zeigt den Himmel mir offen,
Vor Glück und Wonne schlägt mir die Brust.
Wie ist mir doch? Seit ich geliebet werde.
Scheint Alles mir so freundlich und so schön
Wiesen und Blumen, der Himmel und die Erde
Glaub' ich in ungeahntem Glanz zu seh'n.
Im Hüttchen, wenn es Winter, bin ich nicht mehr
          allein,
Bei Arbeit und beim Beten, stets wird er bei mir sein.
  Glück ohne Schranken,
  Wie Dir es danken?
  Geliebter mein!
In einer Stunde werd' ich seinen Namen tragen,
Aus ist's mit der Mamsell, dann müßt Madame
        Ihr sagen.
  Und patati und patata,
  Schon höre ich
  Das Dörfchen rasen,
  Und hier die Muhmen
  Und dort die Basen,
  Das Gerätsche und Geschrei,
  Die schöne Zungendrescherei:
„Seht doch das Gesicht, es ist zum Lachen,
„Händ' und Füße, zehn kann man d'raus machen,
„Und der Bettelputz, die sieben Sachen,
„Rose Friquet, na, die holde Braut!

„So schaut doch, schaut!
„'Ne schöne Wahl, 's ist Schand und Sünd',
„Ich glaube, Sylvain, der ist blind!"
Doch Rose sagt: Nichts mach' ich mir daraus,
Lach' im Stillen Euch Alle aus,
    Bin stolz und glücklich,
    Und, wie es schicklich,
    Bedenk' ich mich,
    Dann sage ich:
Ja, ich bin's, der er will geben
Seine Lieb' für's ganze Leben,
Wenn das Glück mir heute lacht,
Nur ein einziger Tag hat mich selig gemacht.
Ach, mehr als ich je begehrte,
Das Schicksal mir gewährte;
Seit er gesagt: Ich liebe Dich,
Kein Wunsch mehr bleibt für mich.
Nur leben will ich Dir allein,
Auf ewig Dein!

———

Thibaut. Georgette. Rose. Bauern und
    Bäuerinnen, dann Sylvain.

Chor.

Wo ist die schöne Braut denn nun?
Bist Du bereit mit uns zu geh'n?
Ich glaub', Dir ist es d'rum zu thun,
Sylvain als Deinen Mann zu seh'n.

Rose.

Ach, so viel Freundlichkeit zum Feste,
Das ist ja mehr, als ich gehofft!

Thibaut.

Bist ja im Dorf die Allerbeste,
Und solche Hochzeit kommt nicht oft.

Georgette und Frauen.

Zu dieser Stunde hat man gar
Auf's Allerschönste sich geschmückt.

Thibaut und die Männer.

Schon wartet Euer der Notar,
Die Feder hinter's Ohr gedrückt.

Chor.

Ein Jeder freut sich, lacht und singt,
Und jubelt laut und tanzt und springt.
Schöner Tag, o fürwahr,
's ist ein herrliches Paar!

Thibaut.

Halt, Freunde, halt! In unf'rer Mitte
Besteht die alte gute Sitte:
Zur Hochzeit stets gehören Zwei!

Georgette und Chor.

's ist wahr, ist Sylvain nicht dabei?
Wo ist Sylvain?

Georgette.

Da ist er!

Thibaut.

Kommt er an?

Chor.

Willkommen, junger Ehemann!

Thibaut.

Doch seht, welch' finsteres Gesicht!

Chor.

Das paßt zum heut'gen Tage nicht.

Rose.

Sylvain, Sylvain, so verstört — was ist Dir?
Welch' Kummer drückt Dich, welch' geheime Schmerzen?
Bin ich nicht mehr die Nächste Deinem Herzen?
O sprich, so sprich! — O Gott, Du wendest Dich
von mir?

Chor.

Sylvain, erkläre Dich!

Sylvain.

Wenn Hagelschlag das Feld verheert,
Wenn Krankheit Euer Vieh verzehrt,
Brennt Euer Haus und stürzt zusammen,
Und fragt man: Wer ist Schuld daran?
So gibt man Rose Friquet an,
Nennt mit Verwünschung ihren Namen!
Nun hört, sie that noch Schlecht'res heut,
Sie war für schnödes Gold bereit
Zu der verrucht'sten aller Thaten:
Wie Judas dem Herrn, hat auch sie es gemacht,
Sie hat den Soldaten in der Nacht
Den Flüchtling, Weib und Kind verrathen.

Chor.

O grause That!

Rose.

Geliebter Du, komm' doch zu Dir, Du sprichst im
Wah'n!

Chor.

Zunicht wird unser Festtagsplan!

Thibaut.

Ich dacht' mir's wohl, 's kommt nicht dazu.

Rose.
Wie, ich hätt' das gethan? Bei dem Gott, der dort oben,
Du glaubst das sicher nicht, willst mich erproben!

Sylvain.
Geh' fort, berühr' nicht meine Hand!

Rose.
Sylvain, ist's möglich denn?

Sylvain.
Fort, fort von mir!

Rose.
Komm' doch zu Dir, Du sprichst im Wahn!

Thibaut.
Wenn sie auch nichts gestehet ein,
Man kennt sie ja, sie war's allein!

Rose.
Wie konnt' er mich so verkennen,
O wer fühlet mit mir den unsäglichen Schmerz,
Konnte mich Verräth'rin nennen,
Häufet Schmach auf mein unschuldig Herz.
Soll ich ehrlos sein, bedeckt mit Schande,
Das zerreißet un'srer Liebe Bande.
Ach, für mich
Ist diese Welt nun freudenleer!

Georgette.
Arme, arme Rose, mit Dir fühle ich den Schmerz,
Nein, ich glaube sie nicht schuldig, glaube an ihr Herz.
Nicht verrathen konnte sie für Gold
Den Verfolgten, der sich retten wollt';
Ach, beklagen muß ich sie so sehr!

Sylvain.

Ha, verflucht muß ich Dich nennen!
Du verriethest die Armen im Elend und Schmerz,
Das muß uns auf ewig trennen;
Nur verachten kann jetzt Dich mein Herz.
Ha, sie ehrlos und bedeckt mit Schande,
Das zerreißet uns'rer Liebe Bande!
Ach für mich
Ist diese Welt nun freudenleer!

Thibaut und Chor.

O welch' schändlicher Verrath, ich fühle seinen Schmerz!
Glaube mir, ein Richter oben blicket in Dein Herz;
O verrathen konntest Du für Gold
Den Verfolgten, der sich retten wollt'!
Niemand von uns kennt Dich mehr.

Chor.

Mein lieber Sylvain, das ist wahr,
'ne Bess're wählen konnt'st Du nie,
Wie gut ihr Herz, das ist nun klar.
   Nur schnell,
   Jetzt nimm Dir sie!

Sylvain.

Und jene Armen in der Noth —
Welch' ein Gedanke! Wär' ich todt!

Alle.

Nun nimm Dir sie!

Thibaut.

Nun nimm Dir sie!

———

Sylvain. Rose. Belamy. Thibaut.
Georgette. Dragoner. Bauern und
Bäuerinen.

O schmettre hellen Klang,
Den Ton so rein
In's Herz hinein!
O schmettre hellen Klang,
Du Kriegesruf und Liebessang!
Man hört, wo Deine Lippe spricht,
Kanonenschall und Seufzer nicht.
O schmettre hellen Klang,
Kriegesruf und Liebessang!